For My
Sweet Baby

Born

Life is a flame
that is always
burning itself
out, but it
catches fire
again every time
a child is born.

-George Bernard Shaw

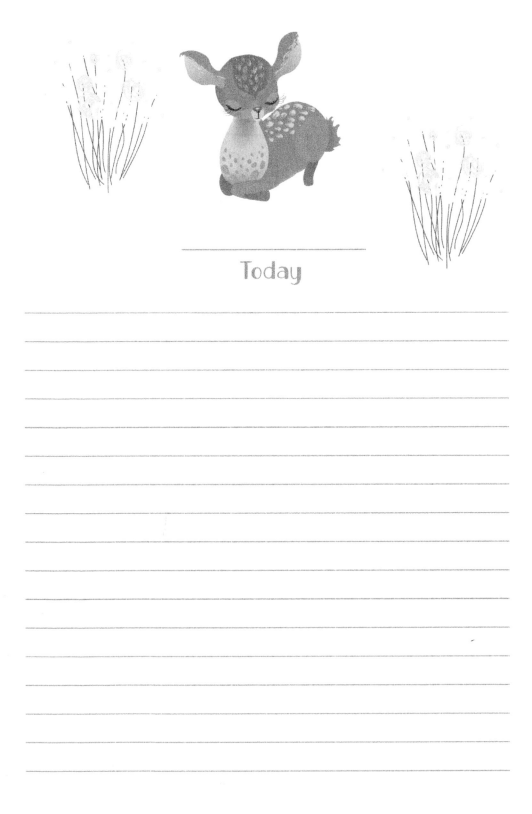

Today

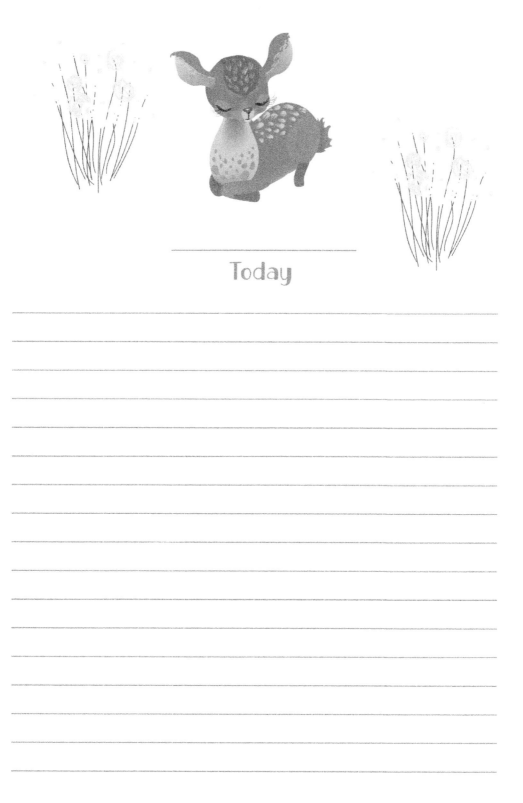

Today

Today

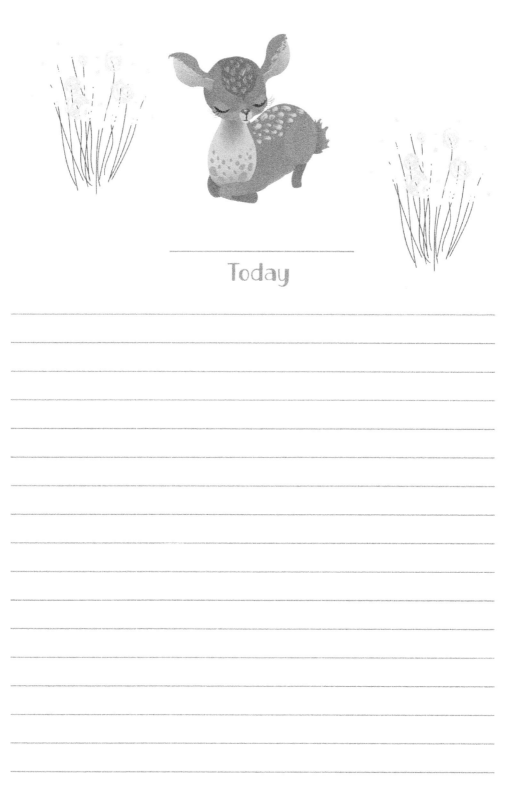

Today

Today

Today

Today

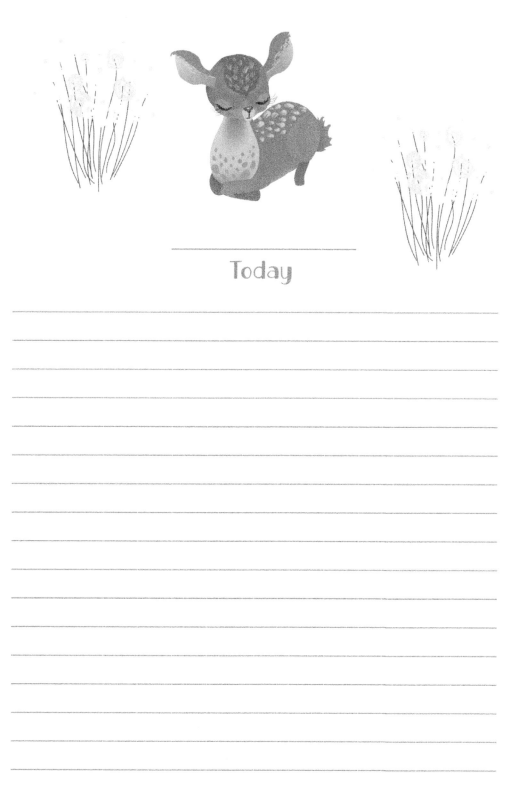

Today

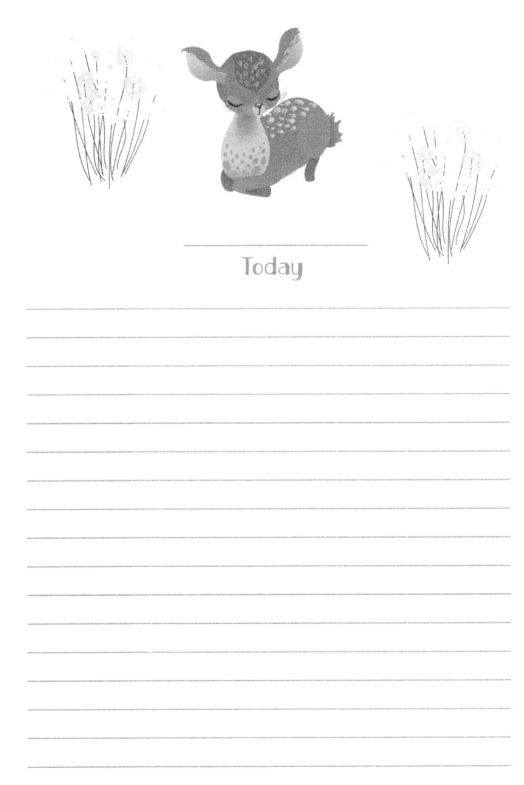

Today

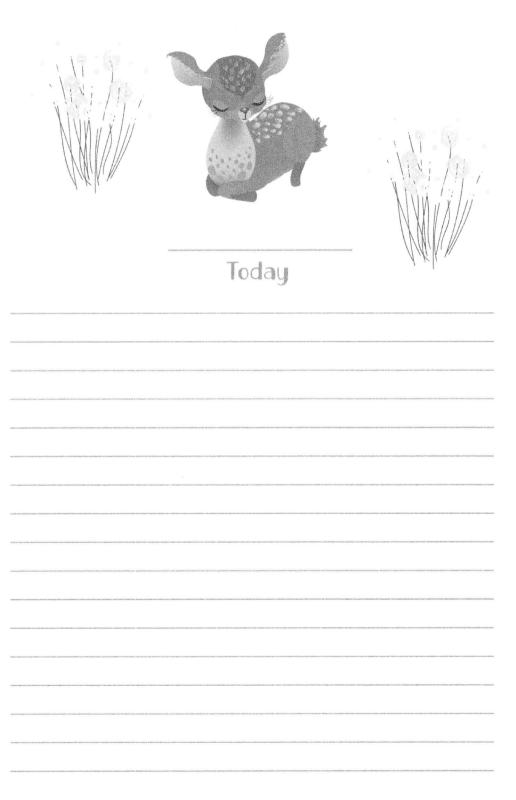

Today

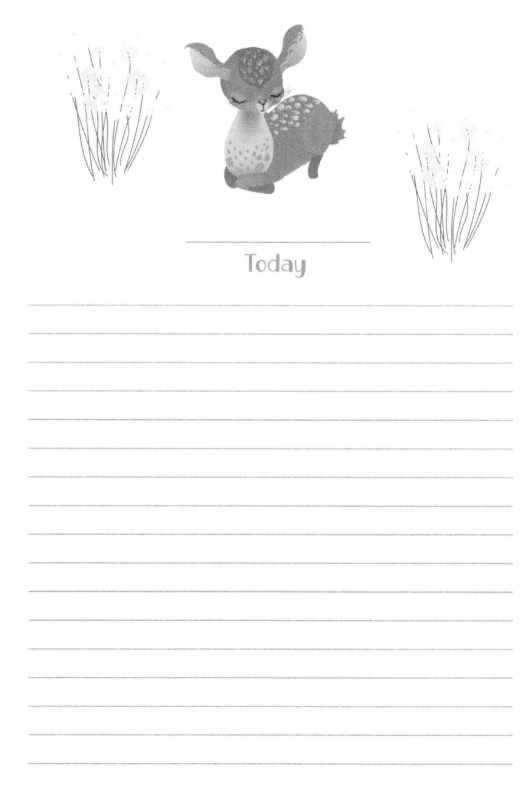

Today

Today

Today

Today

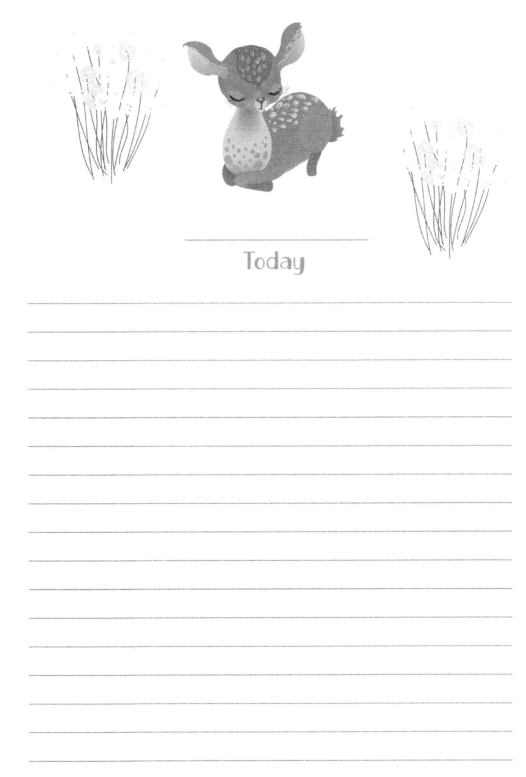

Today

_____

_____

_____

_____

_____

_____

_____

_____

_____

_____

_____

_____

_____

_____

_____

_____

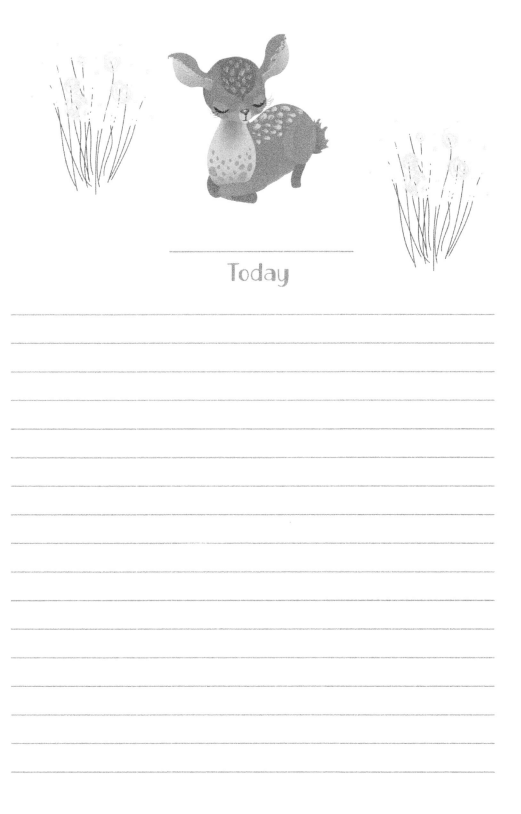

Today

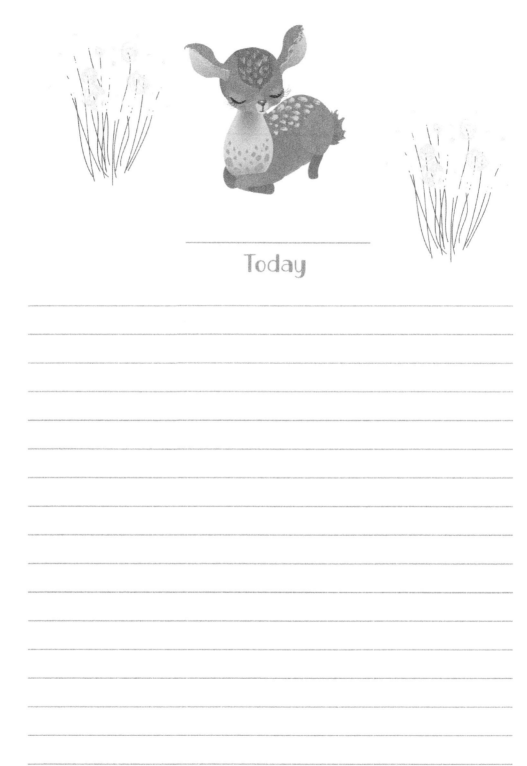

Today

Today

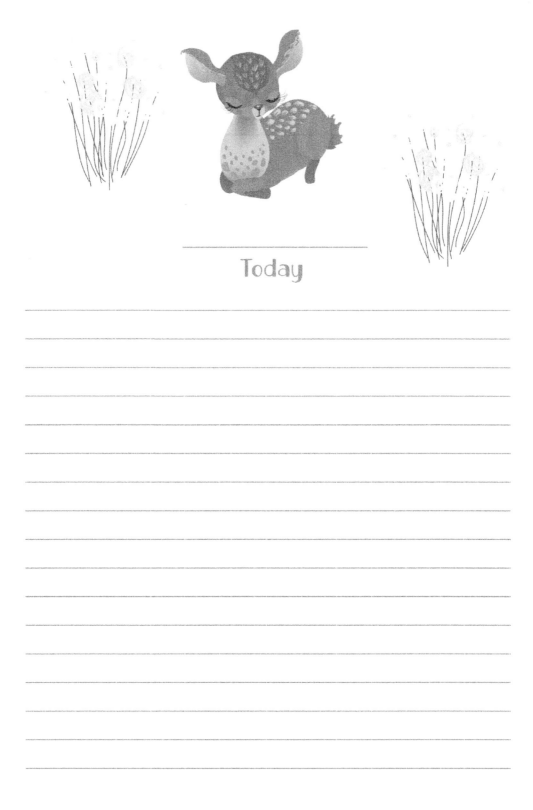

Today

Today

Today

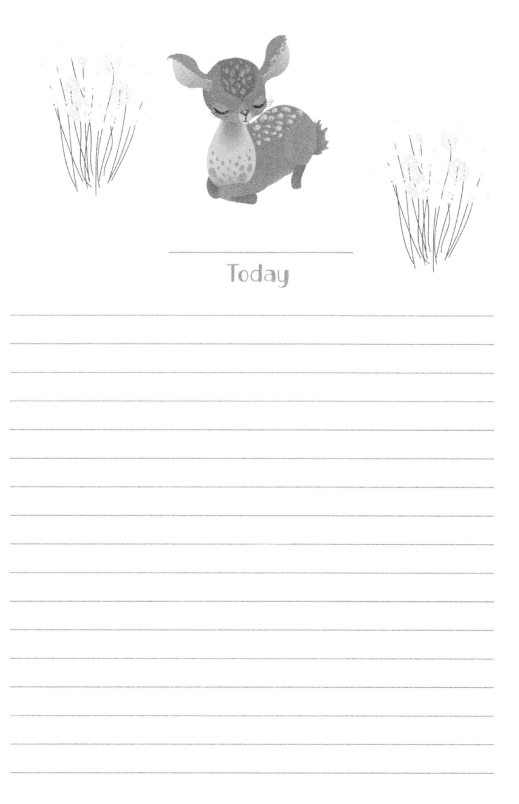

Today

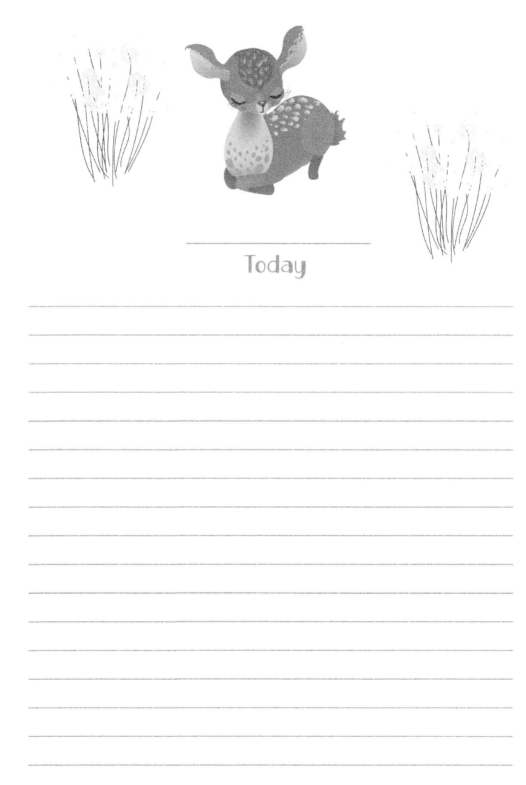

Today

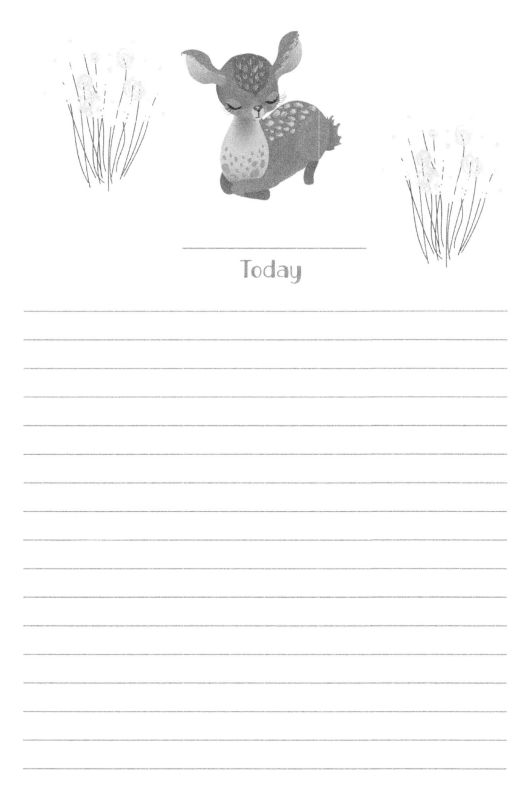

Today

_____

_____

_____

_____

_____

_____

_____

_____

_____

_____

_____

_____

_____

_____

_____

_____

_____

_____

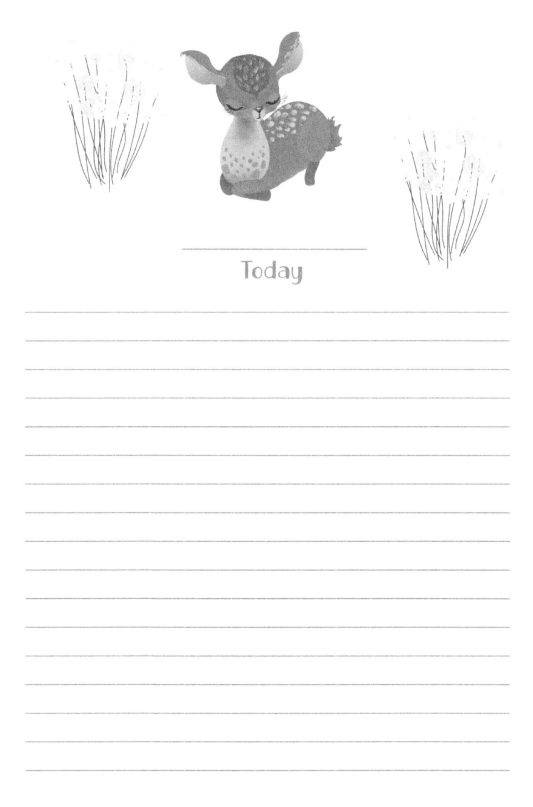

Today

Today

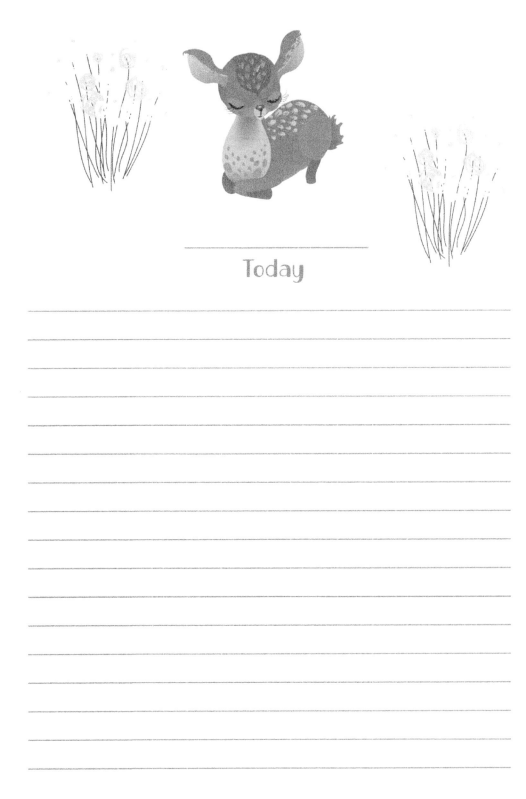

Today

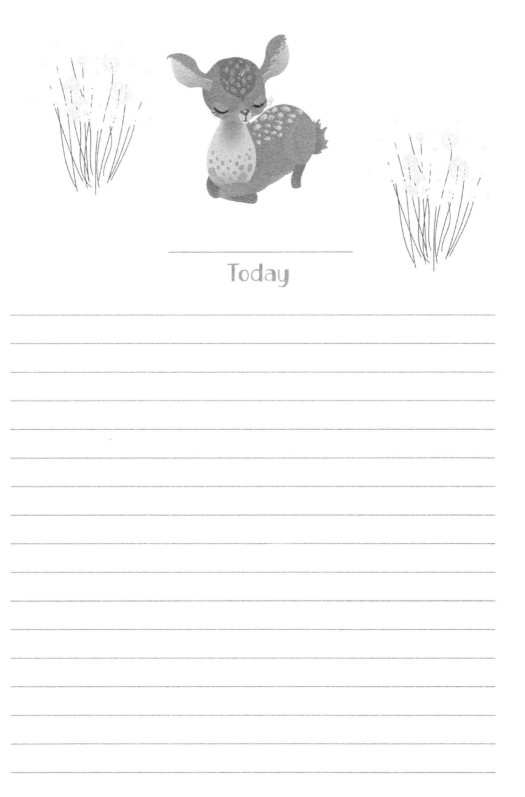

Today

Today

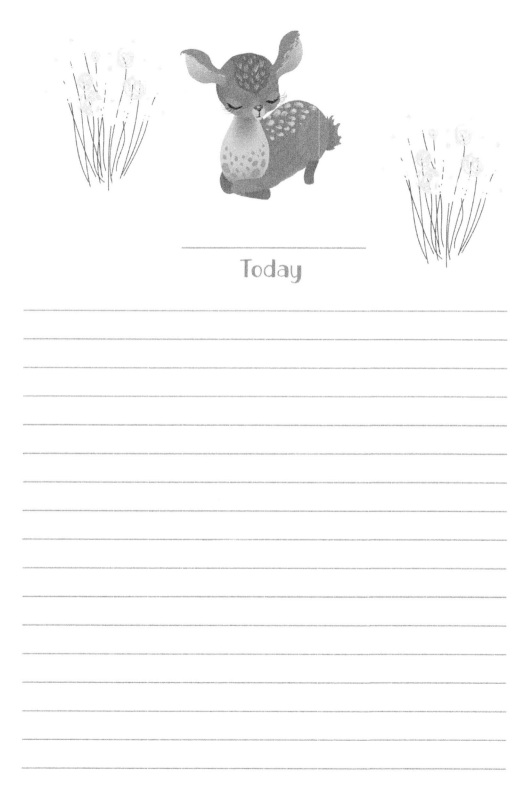

Today

_____
_____
_____
_____
_____
_____
_____
_____
_____
_____
_____
_____
_____
_____
_____
_____

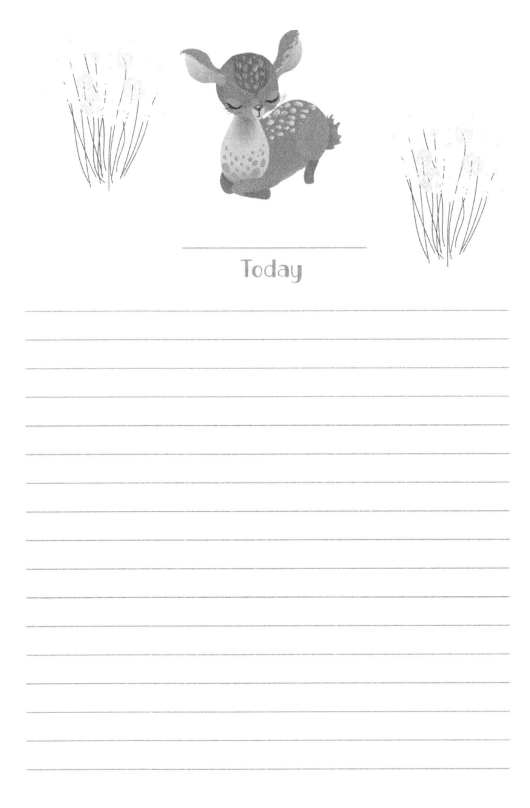

Today

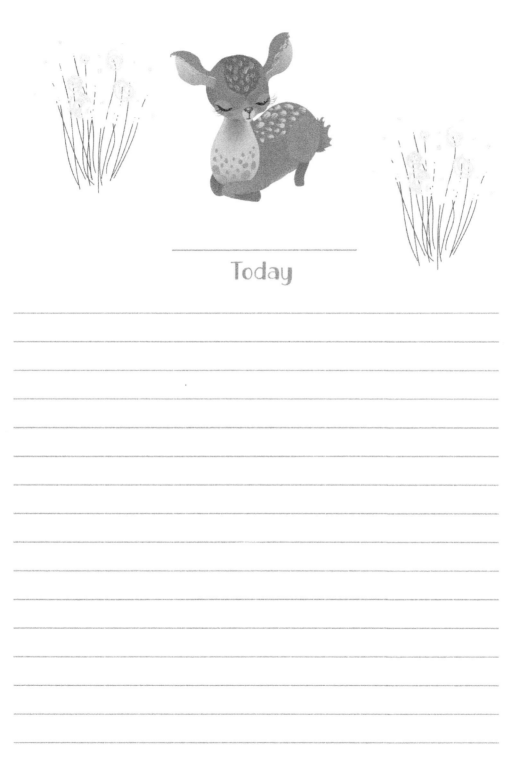

Today

Today

_____

_____

_____

_____

_____

_____

_____

_____

_____

_____

_____

_____

_____

_____

_____

_____

Today

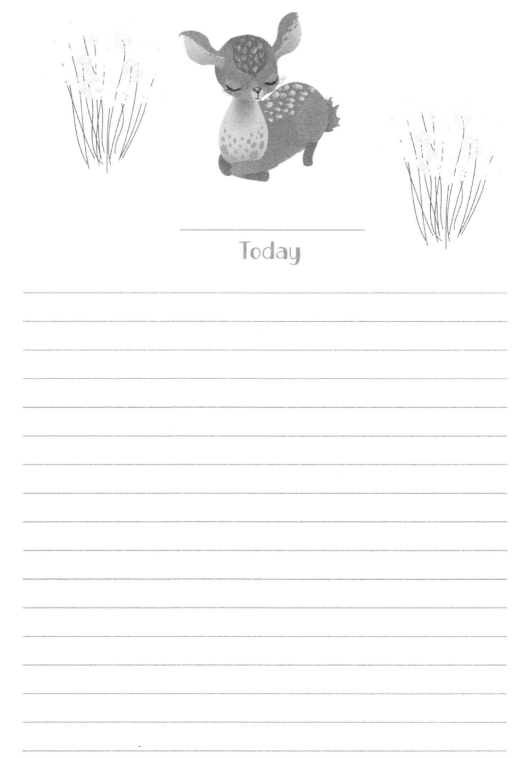

_____

Today

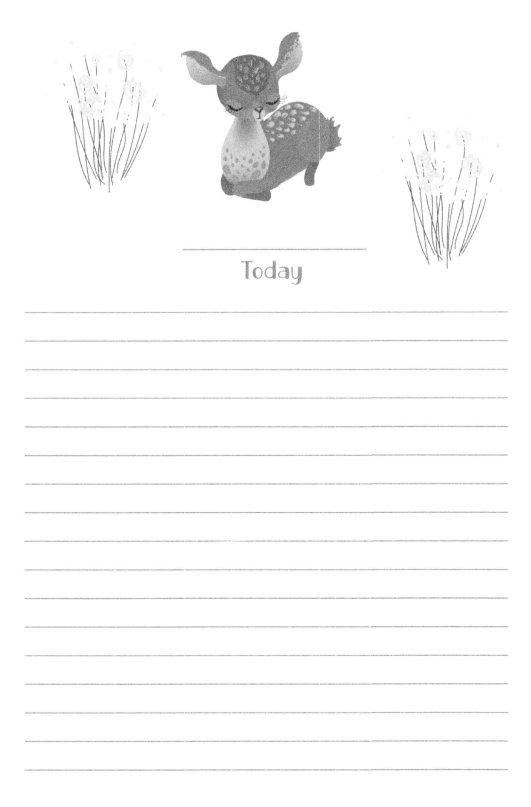

Today

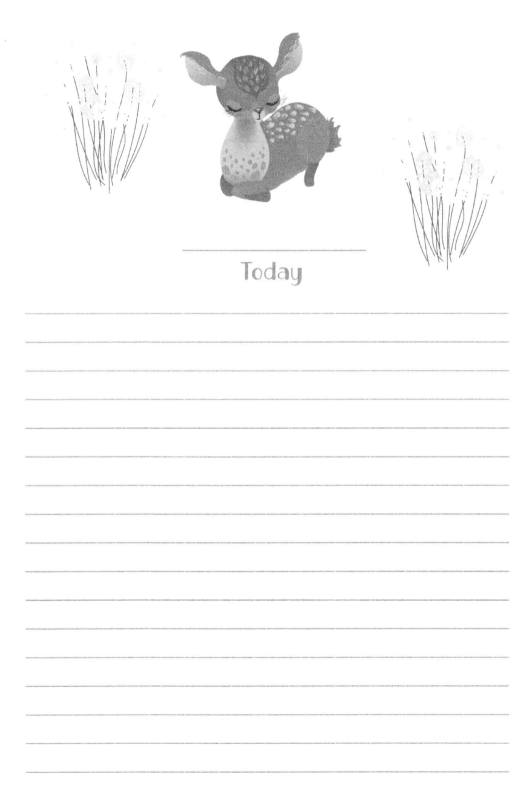

Today

Today

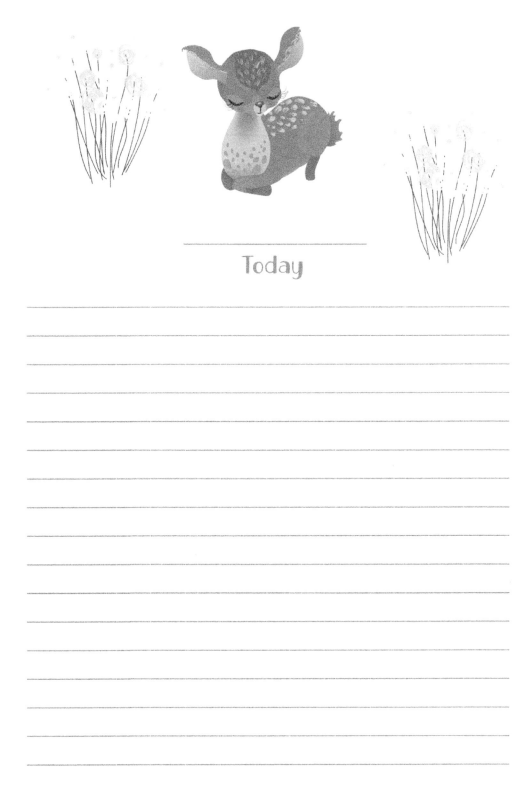

Today

Today

Today

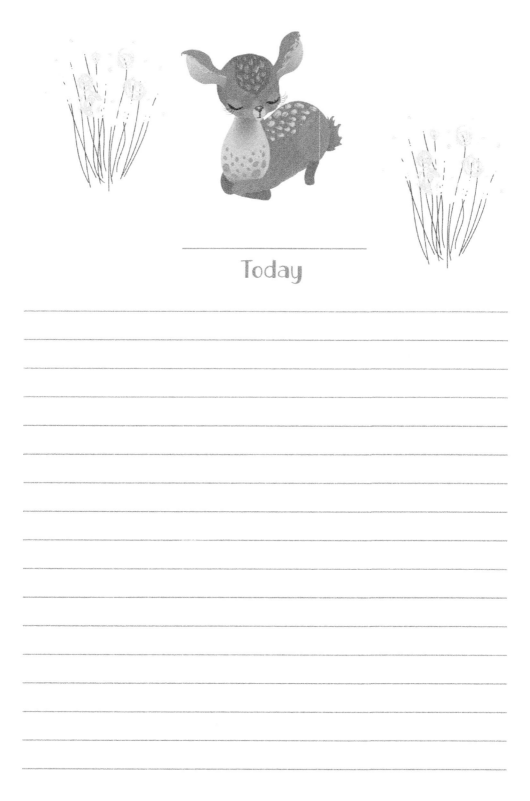

Today

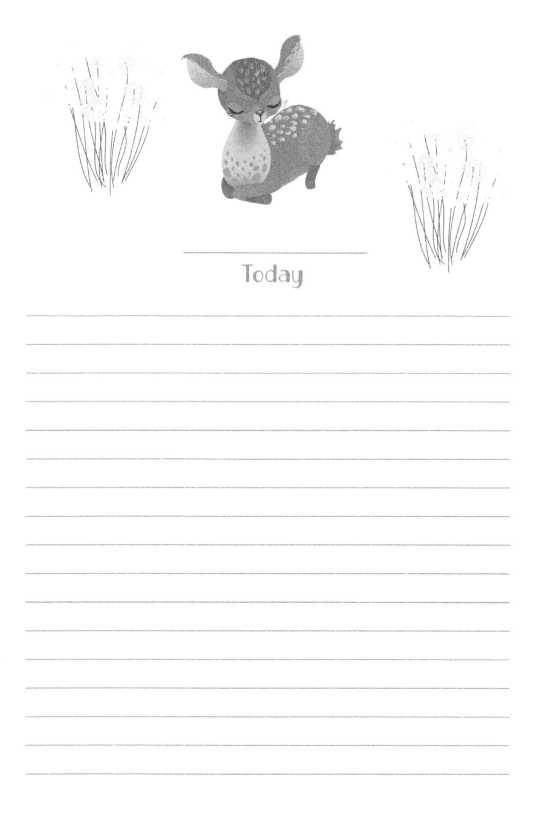

Today

_____

_____

_____

_____

_____

_____

_____

_____

_____

_____

_____

_____

_____

_____

_____

_____

_____

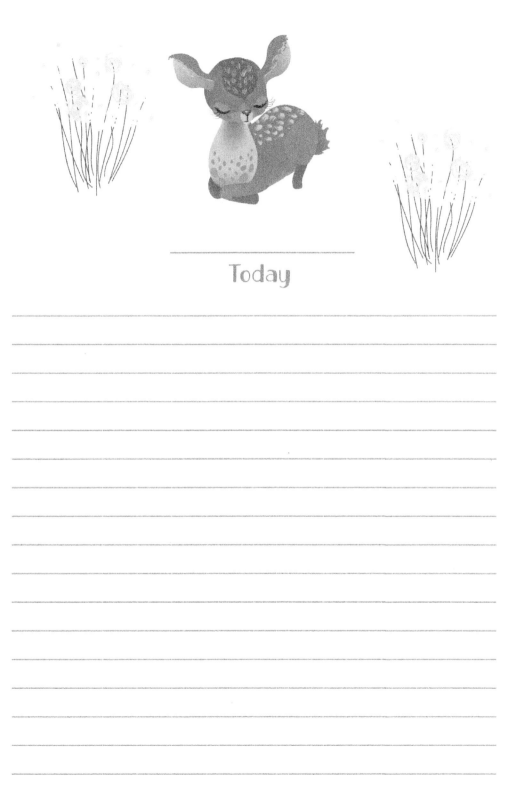

Today

Today

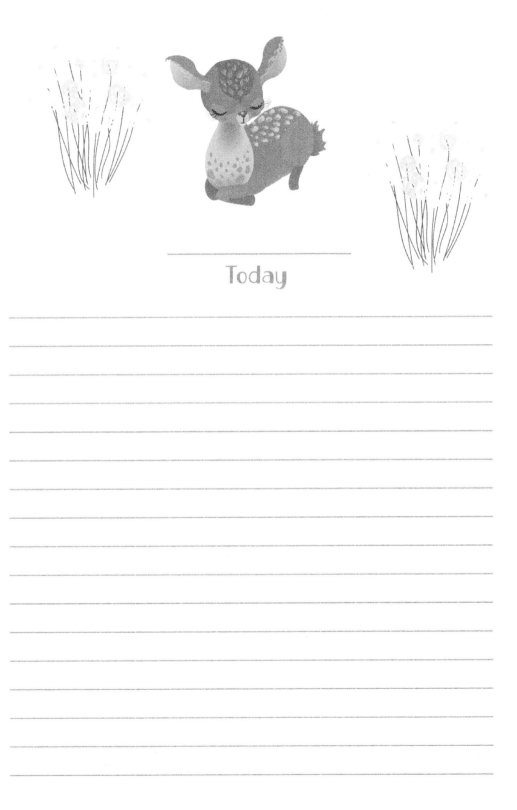

Today

Today

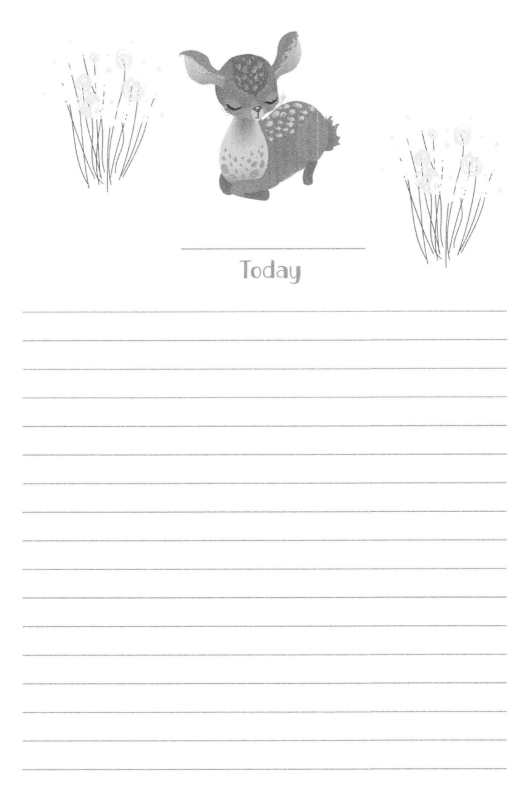

Today

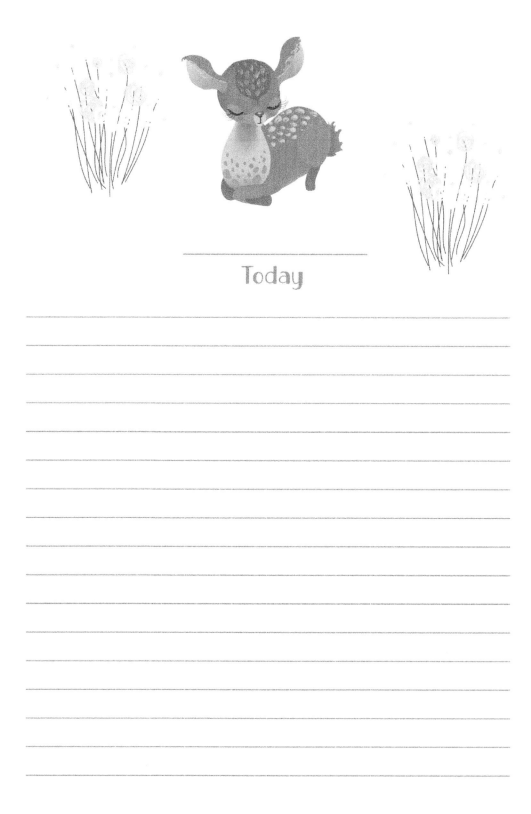

Today

Today

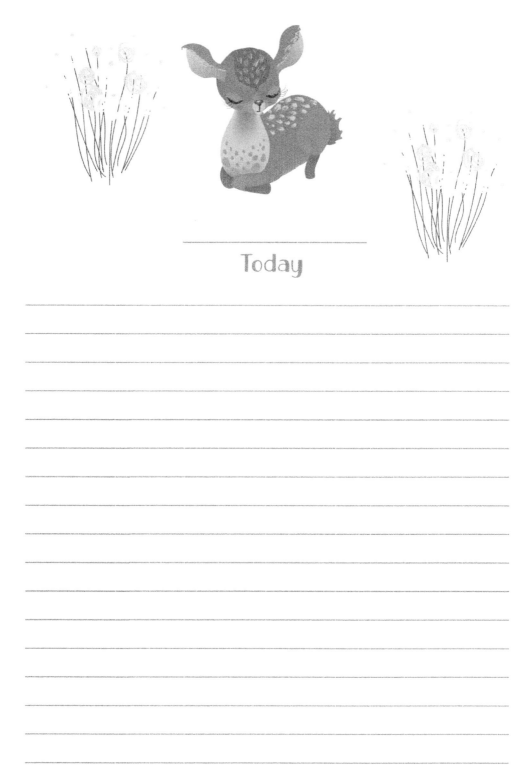

Today

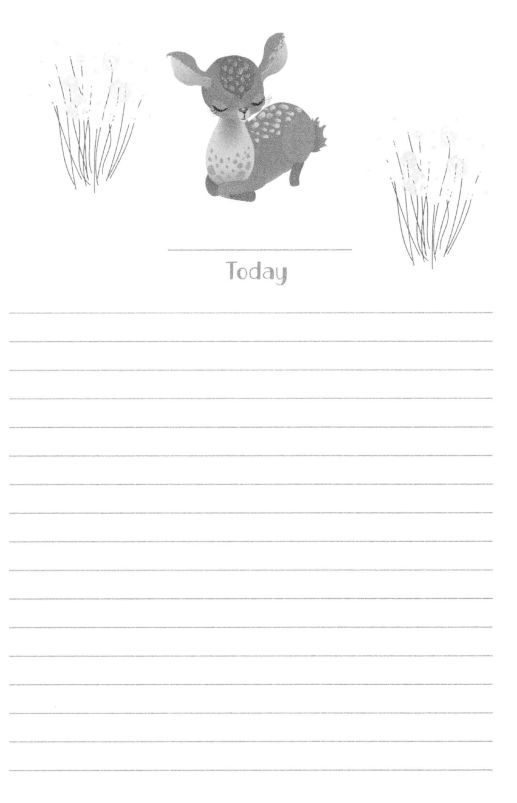

Today

_____
_____
_____
_____
_____
_____
_____
_____
_____
_____
_____
_____
_____
_____
_____
_____
_____

Today

_____
_____
_____
_____
_____
_____
_____
_____
_____
_____
_____
_____
_____
_____
_____
_____
_____

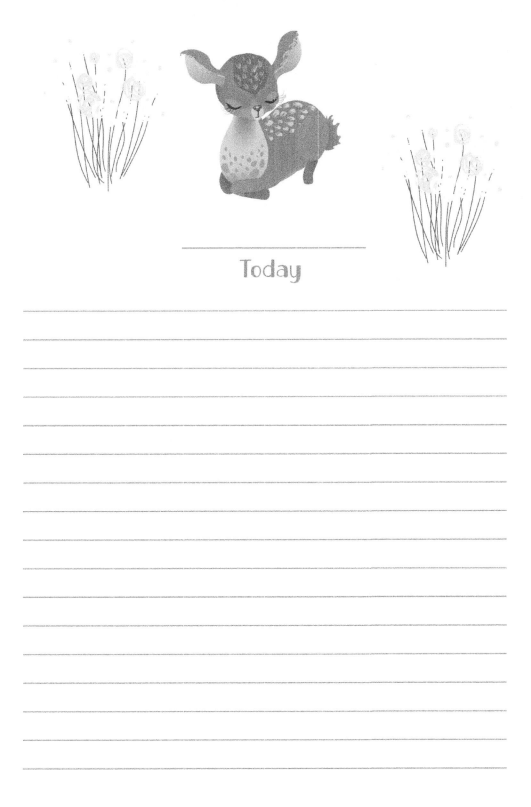

Today

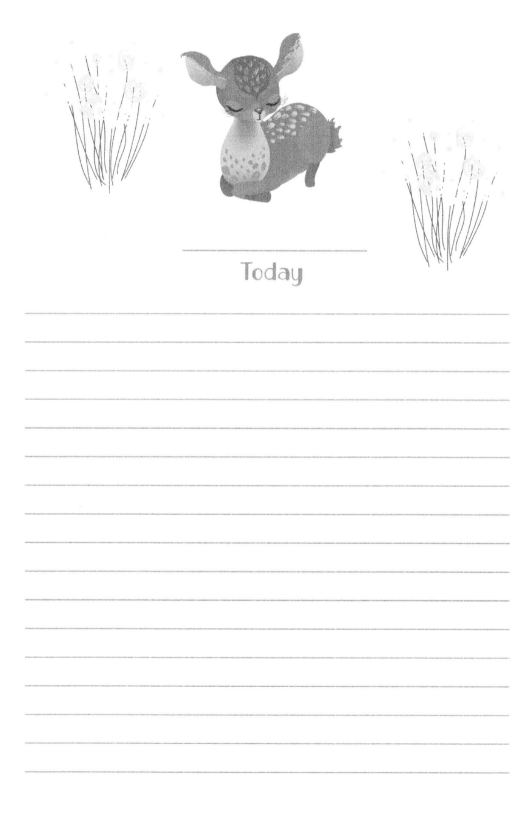

Today

Today

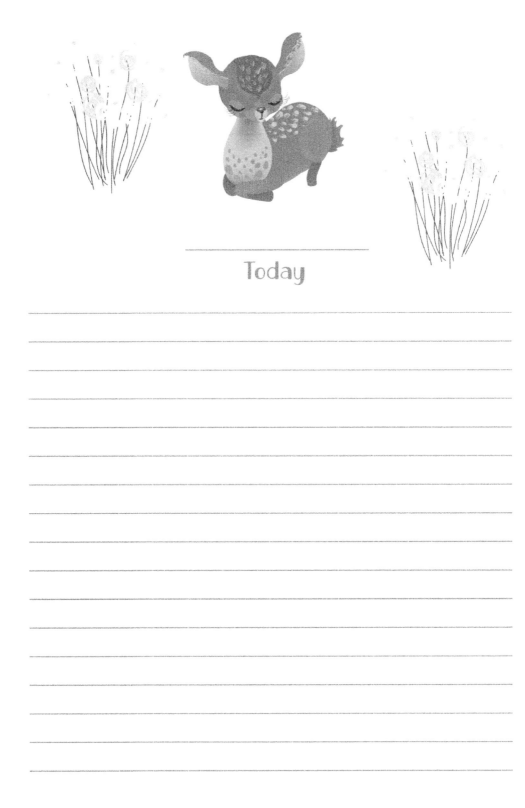

Today

Today

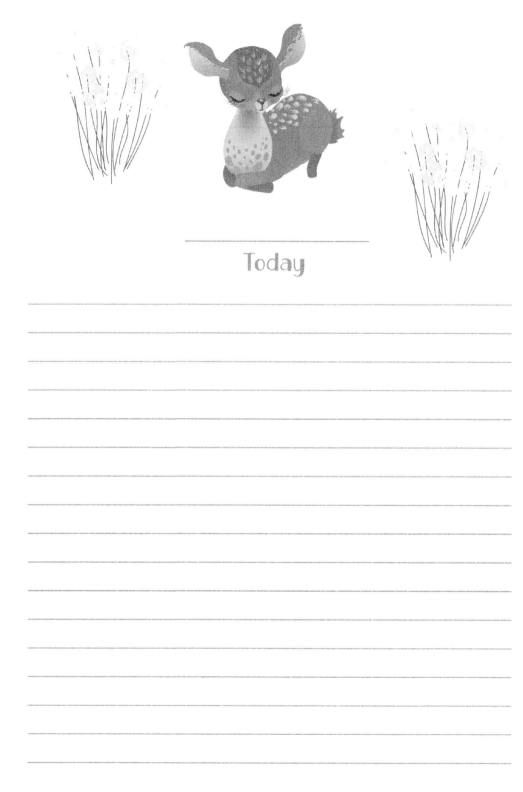

Today

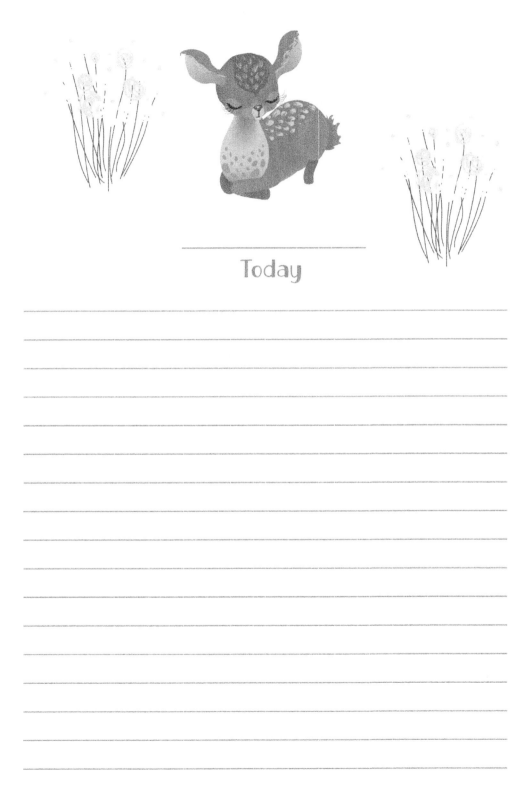

Today

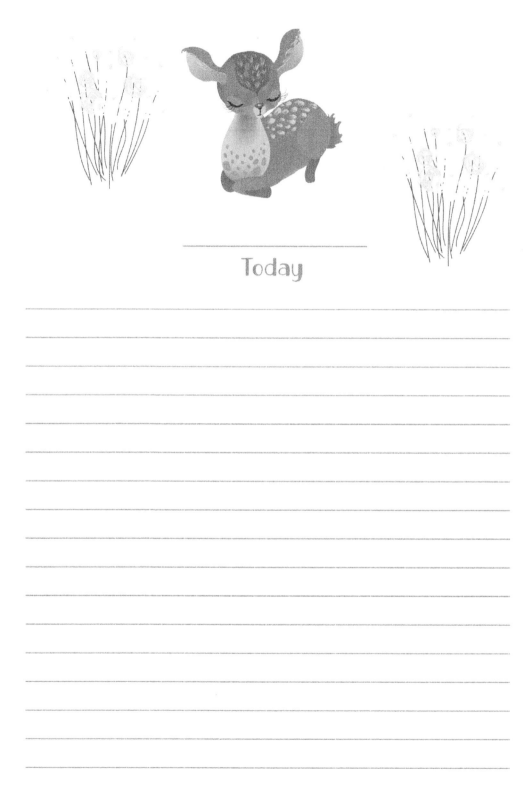

Today

Today

Today

Today

Today

_____

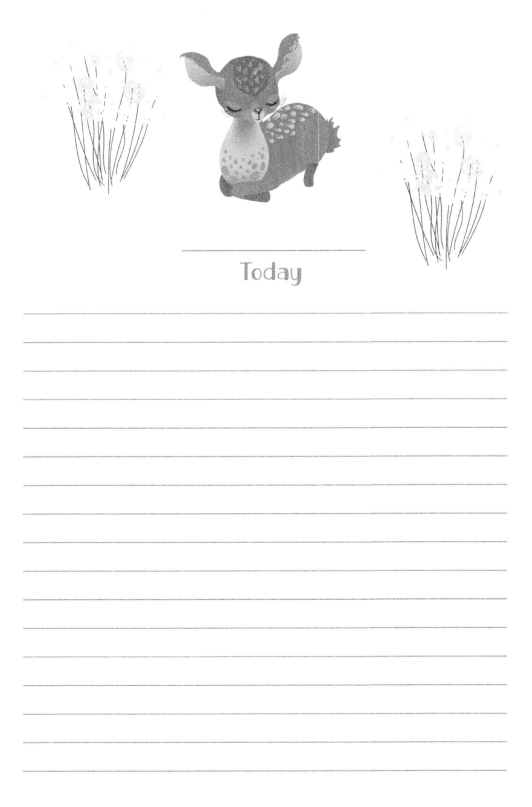

Today

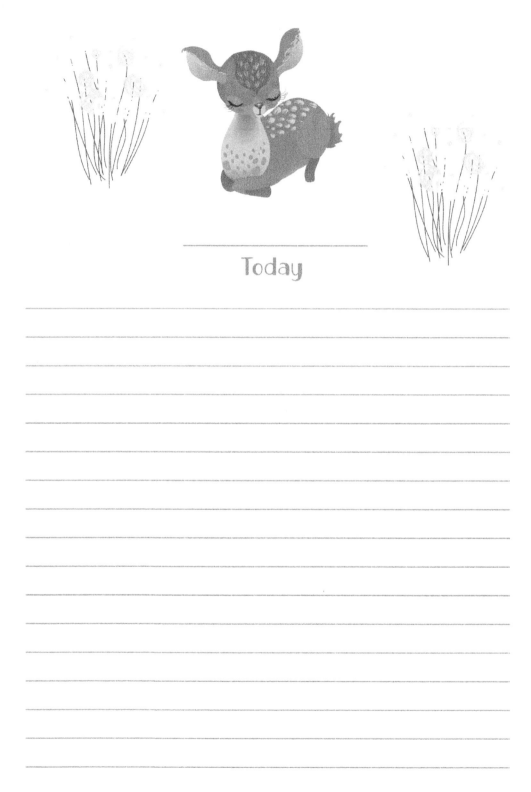

Today

_____
_____
_____
_____
_____
_____
_____
_____
_____
_____
_____
_____
_____
_____
_____
_____

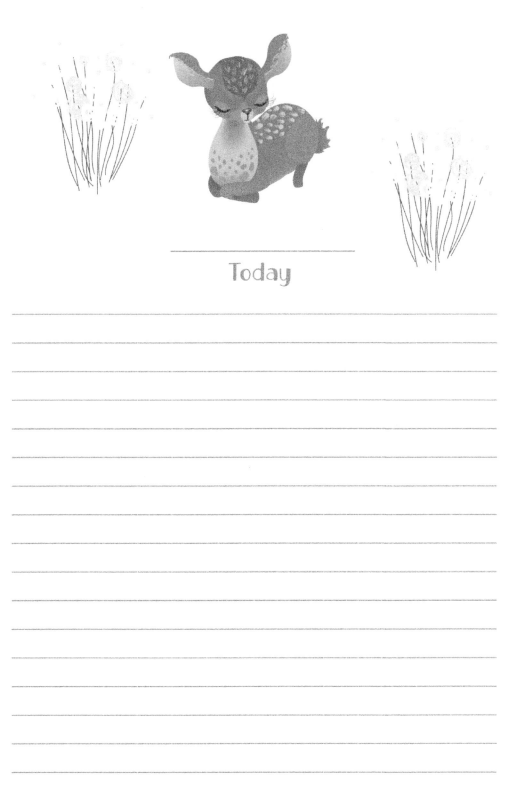

Today

Today

Today

_____
_____
_____
_____
_____
_____
_____
_____
_____
_____
_____
_____
_____
_____
_____
_____
_____

Today

Today

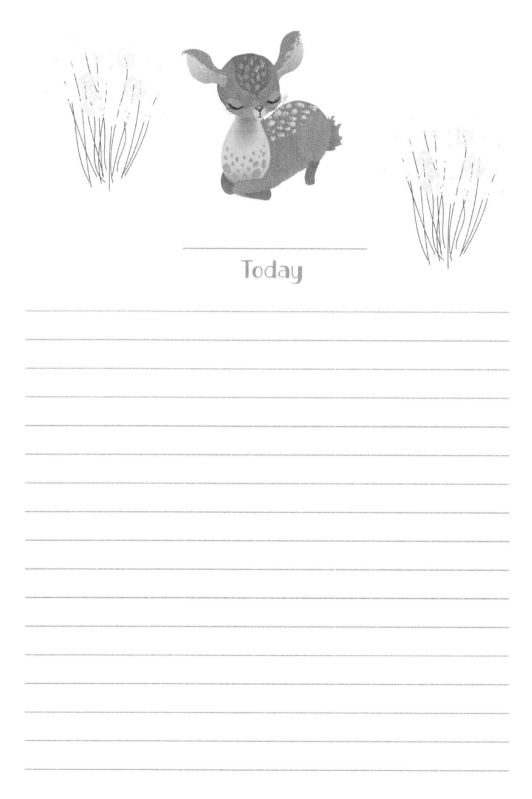

Today

Today

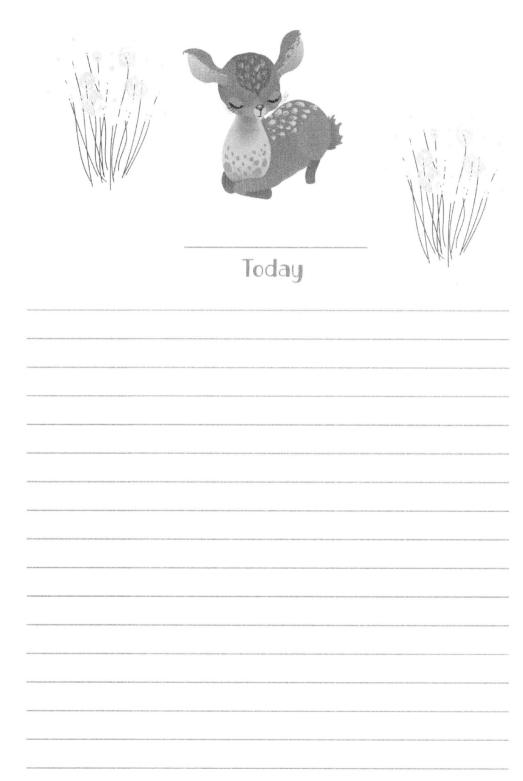

Today

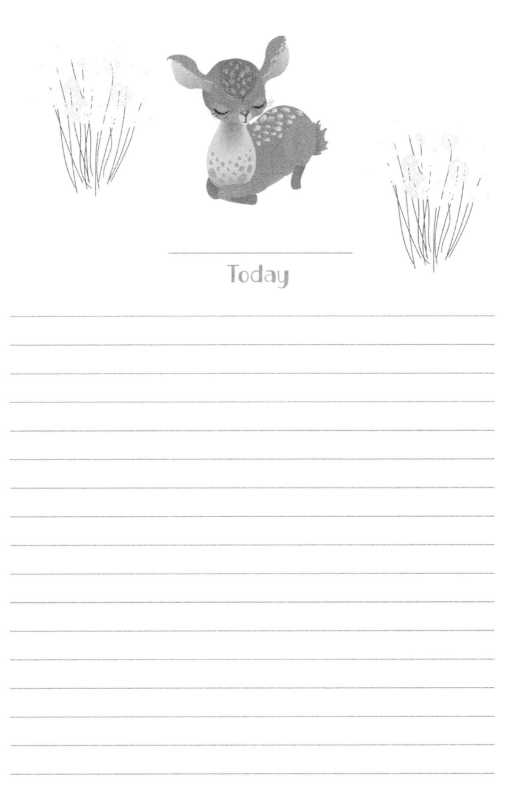

Today

Today

Today

Today

Today

_____

_____

_____

_____

_____

_____

_____

_____

_____

_____

_____

_____

_____

_____

_____

_____

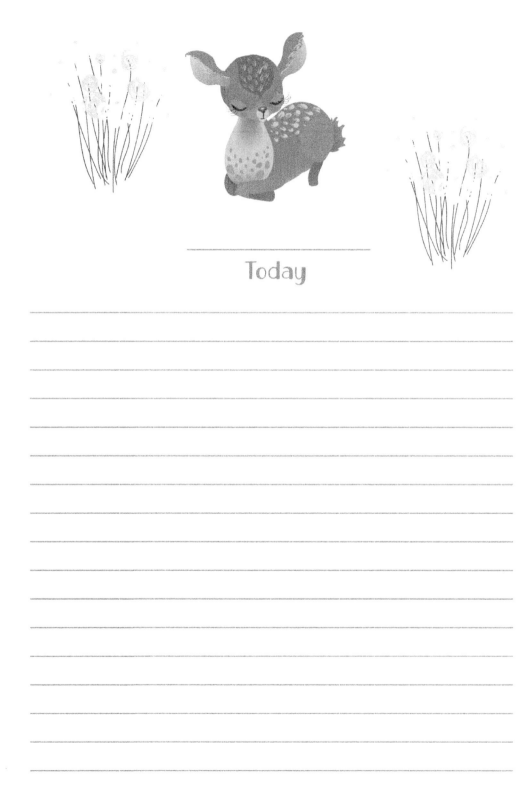

Today

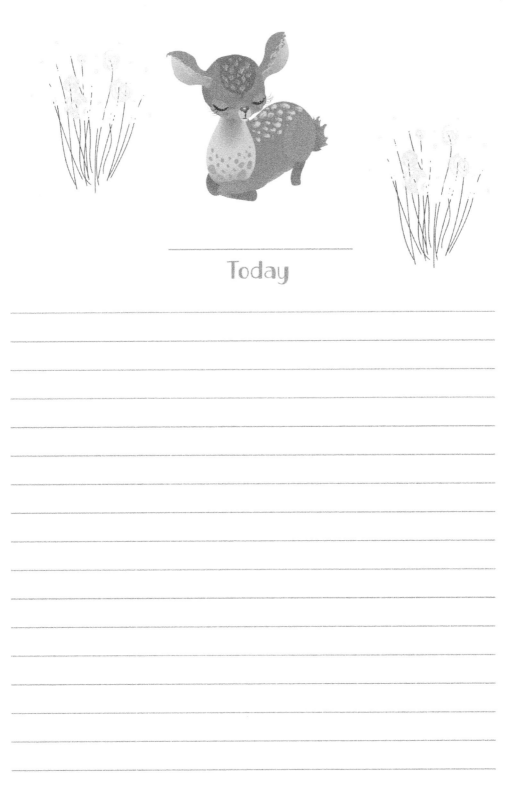

Today

Today

Today

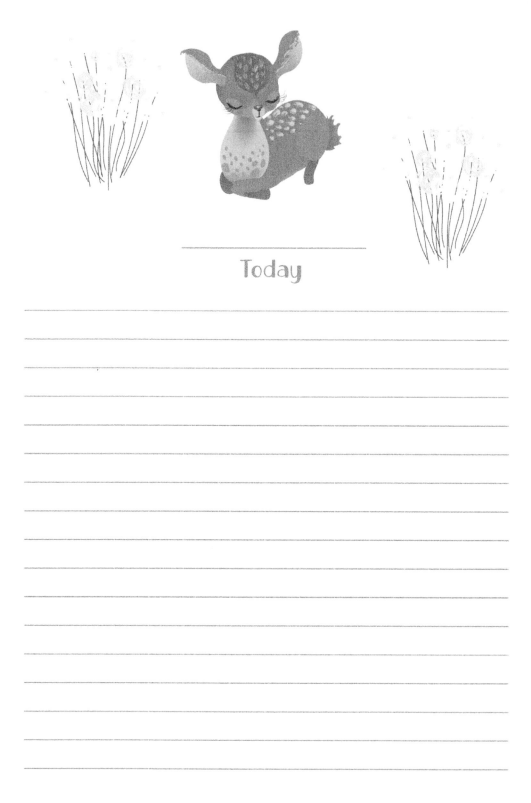

Today

Today

Today

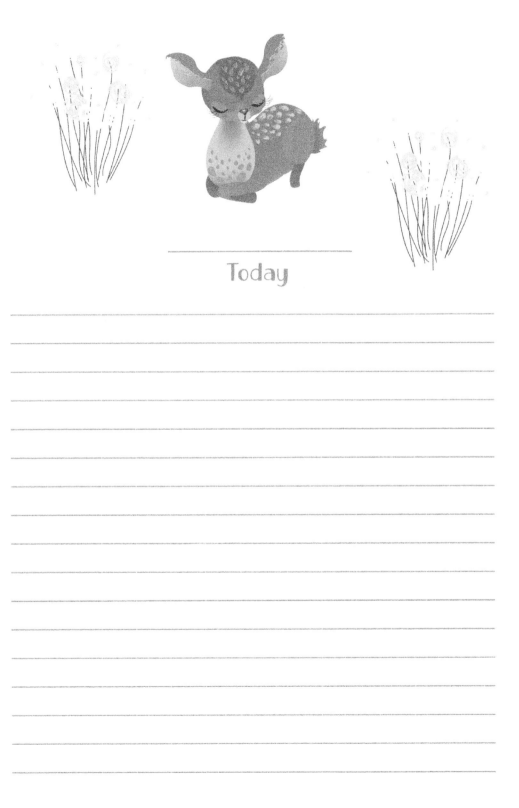

Today

Today

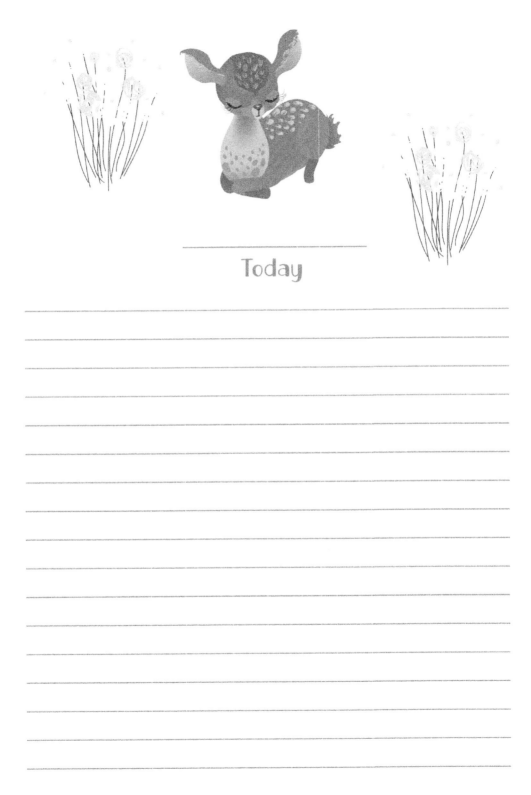

Today

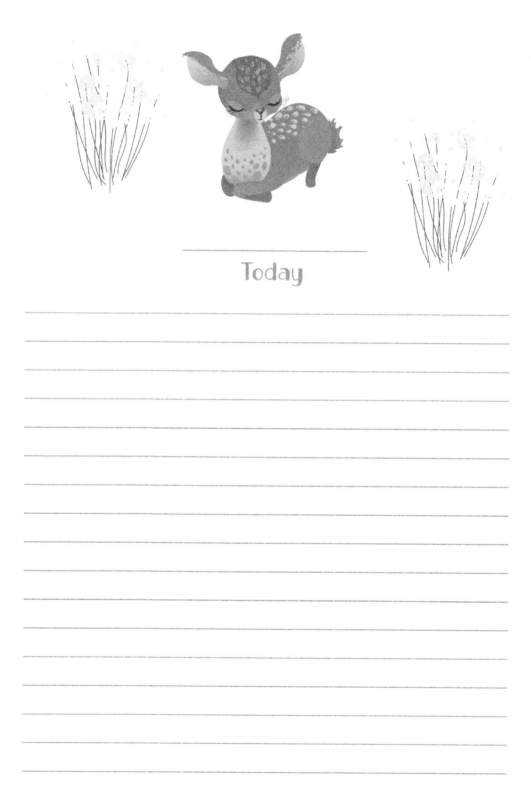

Today

Today

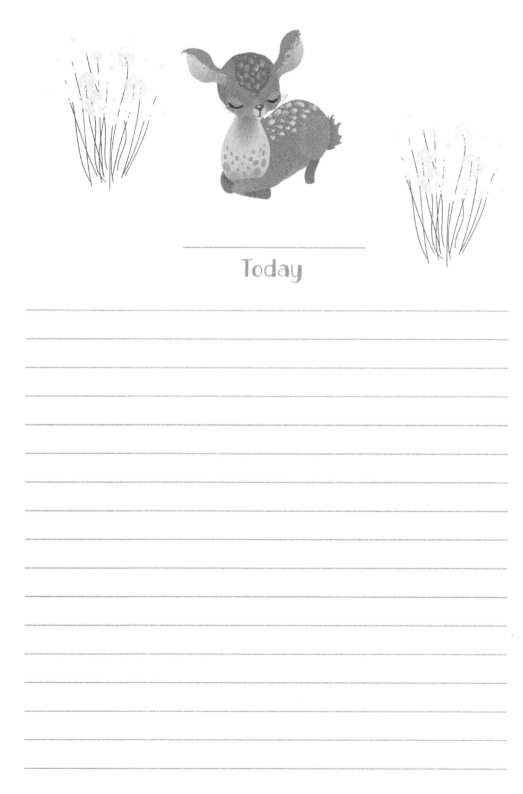

Today

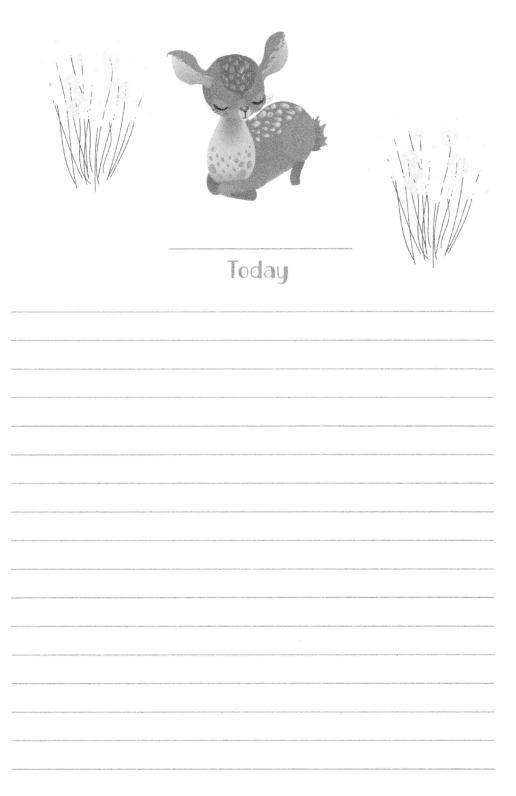

Today

Today

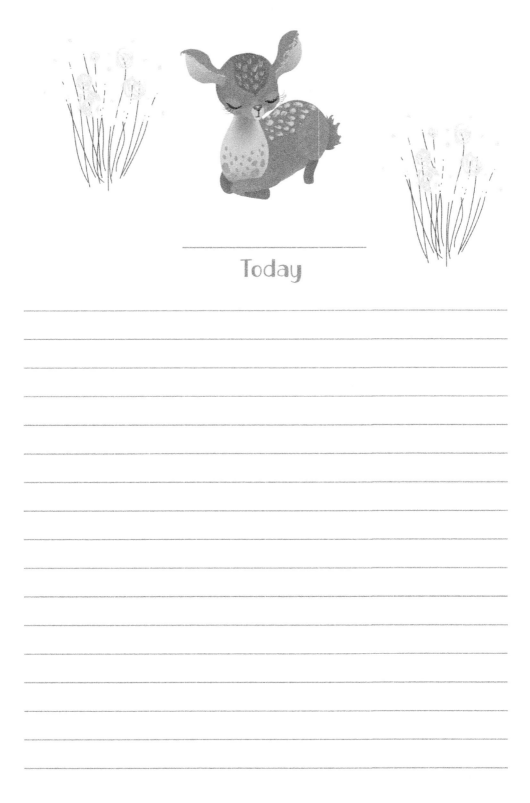

Today

Today

Today

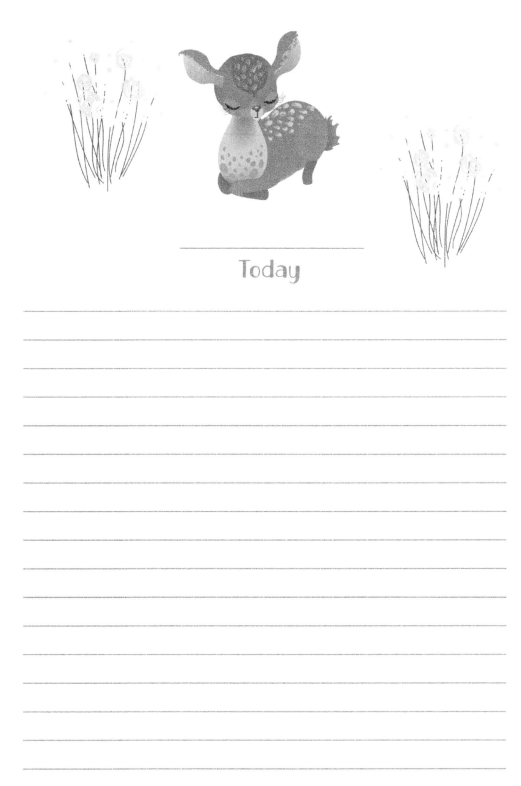

Today

Today